EXPOSITION

DES

ŒUVRES DE M. G. COURBET

ROND-POINT DU PONT DE L'ALMA

(Champs-Élysées)

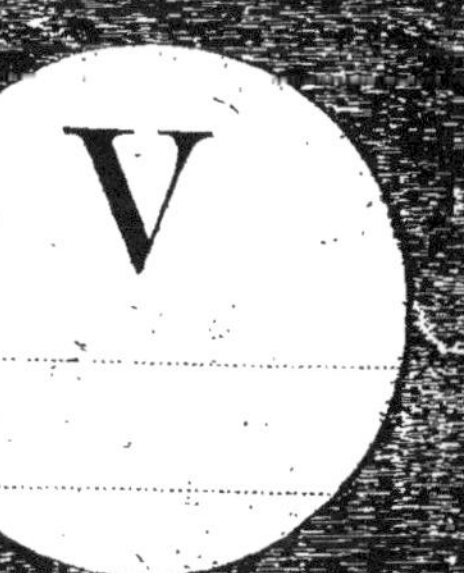

PARIS

DUCHESNE FRÈRES, ÉDITEURS

6, Rue Hautefeuille, 6

1867

Les tableaux sans désignation de propriétaire appartiennent à l'auteur.

EXPOSITION

DES

ŒUVRES DE M. G. COURBET

EXPOSITION

DES

ŒUVRES DE M. G. COURBET

<hr>

ROND-POINT DU PONT DE L'ALMA

(Champs-Elysées)

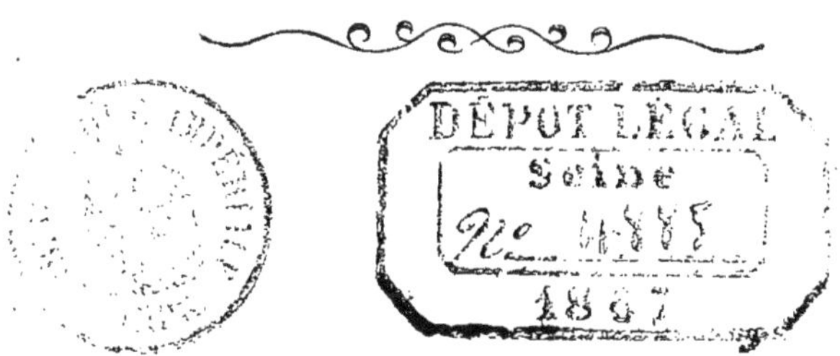

PARIS

LEBIGRE-DUQUESNE FRÈRES, ÉDITEURS

16, Rue Hautefeuille, 16

1867

TABLEAUX

---

5 — LES CASSEURS DE PIERRES. (Ornans, 1850.)

Salon de 1851.

6 — LES BAIGNEUSES. (Franche-Comté.)

Salon de 1853. Exposition privée de 1855.
(Appartient à M. A. Bruyas.)

7 — LES DEMOISELLES DE VILLAGE. (Ornans, 1851.)

Salon de 1852.
(Appartient à Mme la duchesse de Morny.)

8 — LES DEMOISELLES DES BORDS DE LA SEINE.
(Paris, 1856.)

Salon de 1857.

9 — LA FILEUSE. (Ornans, 1853.)

Salon de 1853.
(Appartient à M. A. Bruyas.)

10 — LA FEMME AU PERROQUET. (Paris, 1866.)

Ce tableau a donné lieu à un incident dont le
Nain Jaune des 18 et 29 août 1836 a entretenu
le public. Il avait été exécuté pour M. le comte
de Niewerkerek, sur sa demande, en même temps
que le *Ruisseau-Couvert*, paysage qui se trouve
en ce moment à l'Exposition du Champ-de-Mars.
M. le comte de Niewerkerke prit le *Ruisseau-
Couvert* qu'il paya deux mille francs à l'auteur,
et qui appartient actuellement à l'Impératrice des

Français. Quant à *la Femme au Perroquet*, M. de Niewerkerke ayant déclaré n'avoir jamais fait l'acquisition de cette toile, l'auteur refusa les six mille francs que l'administration des Beaux-Arts lui en avait fait offrir.

Salon de 1866.

11 — L'HOMME BLESSÉ. (Paris, 1844.)

Refusé aux salons de 1844, 1845, 1846 et 1847 par le jury composé des membres de l'Institut.

Exposé à l'exposition privée que le peintre fit de ses œuvres en 1855.

12 — LA DORMEUSE. (Paris, 1849.)

13 — LES LUTTEURS. (Paris.)

Sous *les Lutteurs*, on retrouverait, en grattant, la *Nuit du Walpurgis*, tableau allégorique résumant le *Faust* de Gœthe, — un des premiers essais de l'auteur.

Salon de 1853. Exposition privée de 1855.

14 — LE CHEVAL DÉROBÉ, Courses de Fontainebleau.

Salon de 1863.

15 — LA VILLAGEOISE AU CHEVREAU. (Ornans, 1860.)

16 — M. MARC TRAPADOUX examinant un livre d'estampes.

Salon de 1849.

(Appartient à M. d'Ydeville, secrétaire d'ambassade.)

17 — LES AMANTS DANS LA CAMPAGNE, sentiment du jeune âge. (Paris, 1844.)

Refusé aux salons de 1844, 1845, 1846 et 1847 par le jury composé des membres de l'Institut.

Exposé à l'exposition privée que l'auteur fit de ses œuvres en 1855.

18 — LE CHEVAL DU PIQUEUR, épisode de chasse à courre.

Salon de 1864.

PAYSAGES

---

19 — **LA SIESTE,** pendant la saison des foins. (Montagnes
du Doubs, 1867.)

20 — **LE RUISSEAU DU PUITS-NOIR,** vallée de la Loue
(Doubs).

Exposition universelle de 1855.

(Appartient à M. Vauthrin.)

21 — **LE CHATEAU D'ORNANS.** (Doubs, 1855.)

(Appartient à M. Vauthrin.)

22 — **LA SOURCE DE LA LOUE.** (Franche-Comté, 1864.)

23 — **L'ÉCLUSE DE LA LOUE.** (Franche-Comté, 1865.)

24 — **LA ROCHE DE DIX HEURES,** vallée de la Loue.

Exposition universelle de 1855.

(Appartient à M. Francis Petit.)

25 — **LE CHÊNE DE FLAGEY,** appelé *chêne de Vercin-gétorix*. Camp de César, près d'Alesia, Franche-Comté. (1864).

26 — **ENTRÉE DE LA VALLÉE DU PUITS-NOIR** (Doubs), effet de crépuscule.

Salon de 1865.

27 — **LE RUISSEAU DU PUITS-NOIR,** autre site. (Or-nans, 1865.)

(Appartient à M. Renoux.)

28 — **CHAUVEROCHE,** vallée d'Ornans. (Doubs, 1864.)

29 — **VALLÉE EN FRANCHE-COMTÉ.**

30 — **LE PONT DU MOULIN,** source de la Loue. (Franche-Comté, 1864.)

31 — **LA FILEUSE BRETONNE,** environs de Honfleur (1867).

32 — **LA VACHE PERDUE.** Maizières (Franche-Comté, 1864).

(Appartient à M. Gaudy.)

33 — **LE RENDEZ-VOUS DE CHASSE.** (Franche-Comté, 1862.)

(Appartient à M. Gaudy.)

34 — **LE PARC DE M. ÉTIENNE BAUDRY** à Rochemont, près Saintes (Charente-Inférieure, 1863).

35 — **LE SUICIDE.** (1848.)

Exposition privée de 1855.

(Appartient à M. de Lancy d'Ydeville.)

36 — **LA VALLÉE DE FOND-COUVERTE.** (Saintonge, 1863.)

PAYSAGES DE NEIGE

42 — LE PARC DE M. LE DOCTEUR ORDINAIRE, à Maizières-en-Varais (1867).

43 — LE PARC DE M. LE DOCTEUR ORDINAIRE, à Maizières-en-Varais, autre site (1867).

PAYSAGES DE MER

---

44 — **VUE DE LA MÉDITERRANÉE**, à Maguelonne, près Montpellier (Hérault, 1858).

(Appartient à M. Cantin.)

45 — **LE JARDIN DE LA MÈRE TOUTAIN**, à Honfleur (1861.)

46 — **LA VILLA DE MADAME DE MORNY**, à Deauville, (1865.)

(Appartient à Madame la duchesse de Morny.)

47 — **LES DUNES DE DEAUVILLE.** (Deauville, 1866.)

(Appartient à M. le duc de Choiseul.)

48 — DEAUVILLE (1865).

(Appartient à Madame Dalloz.)

49 — SOLEIL COUCHANT, aux Roches. (Trouville, 1865.)

50 — VUE DE TROUVILLE, prise de l'ancienne route de Honfleur. (Trouville, 1865.)

51 — LES ROCHES NOIRES. (Trouville, 1865.

(Appartient à M. Nodler.)

52 — LA TROMBE. (Trouville, 1865.)

53 — L'ORAGE. (Trouville, 1865.)

54 — MARINE. (Trouville, 1865.)

(Appartient à Madame de Montalembert.)

55 — LE DÉPART POUR LA PÊCHE. (Trouville, 1865.)

56 — LA BARQUE DE PÉCHEURS. (Trouville, 1865.)

57, 58, 59, 60, 61, 62, 63, 64, 65, 66 — **MARINES DIVERSES**, exécutées, ainsi que les précédentes, au cours d'une saison de bains de mer à Trouville, pendant l'été de 1865.

PORTRAITS

---

67 — **P.-J. PROUDHON.**

(Appartient à Mme veuve Proudhon.)

68 — **MADAME P.-J. PROUDHON.**

(Appartient à Mme veuve Proudhon.)

69 — **M. HECTOR BERLIOZ** (1848).

Salon de 1851. Exposition privée de 1855.

(Appartient à M. Basset.)

70 — **M. CHAMPFLEURY,** homme de lettres. (Paris, 1853.)

Exposition privée de 1855.

(Appartient à M. Champfleury.)

71 — **M. URBAIN CUENOT.** (Ornans.)

> Refusé au salon de 1847 par le jury composé des membres de l'Instïtut.
>
> Exposé au salon libre de 1848 et à l'exposition privée du peintre en 1855.

72 — **M. SUISSE.** (Paris, 1861.)

> (Appartient à M. Brivet.)

73 — **M. AMAND GAUTIER,** artiste peintre. (Paris, 1867.)

> (Appartient à M. Amand Gautier.)

74 — **M. ALPHONSE PROMAYET,** artiste musicien. (Paris, 1851.)

> Exposition privée de 1855.

75 — **M. A. BRUYAS,** de Montpellier (1853).

> (Appartient à M. A. Bruyas.)

76 — **LE CHASSEUR MARÉGHAL.** Amancey (Doubs, 1853).

77 — **M. A. MARLET** (1851.)

78 — **M. NODLER,** fils aîné. (Trouville, 1866.)

> (Appartient à M. Nodler.)

79 — **M. NODLER,** jeune. (Trouville, 1866.)

> (Appartient à M. Nodler.)

80 — L'HOMME A LA PIPE, portrait de l'auteur. (Paris, 1846.)

> Refusé aux salons de 1846 et 1847 par le jury composé des membres de l'Institut.
>
> Exposé au salon de 1851.
>
> (Appartient à M. A. Bruyas.)

81 — L'AUTEUR. (Paris, 1852.)

82 — LE VIOLONCELLISTE (1847).

> Refusé au salon de 1847 par le jury composé des membres de l'Institut.
>
> Exposé au salon de 1848.

83 — L'AUTEUR JEUNE (1842).

> Ce portrait a été refusé aux salons de 1842, 1843, 1844, 1845, 1846 et 1847 par le jury composé des membres de l'Institut.

84 — UNE DAME ESPAGNOLE.

> Exposition universelle de 1855.

85 — MADEMOISELLE ZÉLIÉ C... (Ornans, 1853.)

86 — MADEMOISELLE D... B... (1850.)

87 — MADÁME M... C... (1857.)

88 — **MADAME L... X...** (Bruxelles, 1859.)

89 — **MADEMOISELLE A... DE L...** (Trouville, 1865.)

90 — **MADAME LA COMTESSE K...** (Trouville, 1865.)

91 — **LA JO**, femme d'Irlande. (Trouville, 1866.)

TABLEAUX DE FLEURS

92 — **LES MAGNOLIAS.** (Saintes, 1863.)

93 — **BRANCHE DE CERISIER ANGLAIS.** (Saintes, 1863.)

94 — **PIVOINES.** (Saintes, 1863.)

95 — **BRANCHE DE CERISIER ANGLAIS ET AUTRES FLEURS.** (Saintes, 1863.)

ETUDES ET ESQUISSES

---

101 — **LA FILLE AUX MOUETTES.** (Trouville, 1865.)

102 — **FEMME ENDORMIE**, étude de nu. (Paris, 1857.)

103 — **LA ROCHE-POURRIE**, étude géologique. (Salins, 1864.)

(Appartient à M. Jules Marcou, géologue.)

104 — **LES CANOTIERS DE LA CHARENTE.** (Saintes, 1863.)

105 — **LES BORDS DE LA CHARENTE.** (Saintonge, 1863.)

106 — **LA GARENNE DE BUSSAC.** (Saintonge, 1863.)

107 — **LA LAITIÈRE DE SAINTONGE.** (Rochemont, 1863.)

108 — **JEUNE FILLE ARRANGEANT DES FLEURS.** (Saintes, 1863.)

109 — **LE PETIT PONEY ÉCOSSAIS.**

110 — **ÉMILIUS**, cheval de course du haras de Saintes (1863).

DESSINS

---

111 — **LE PEINTRE A SON CHEVALET** (1848).

Exposition privée de 1855.

112 — **LES FEMMES DANS LES BLÉS** (1855).

113 — **JEUNE FILLE A LA GUITARE,** rêverie (1847).

Exposition privée de 1855.

SCULPTURES

114 — **MÉDAILLON DE MADAME B...** (Salins, 1864.)

115 — **LE PÊCHEUR DE CHABOTS,** modèle de la statue
érigée sur l'une des places publiques d'Ornans.
(Paris, 1861.)
Salon de 1862.

Cette exposition compte à peine le quart des œuvres de M. Gustave Courbet.

Pour qu'elle fût complète, il aurait fallu réunir un certain nombre de tableaux importants, tels que *la Curée*, aujourd'hui à Boston, l'*Après-Dîner à Ornans*, au musée de Lille, *les Cribleuses de blé*, au musée de Nantes, *le Cerf à l'eau*, au musée de Marseille, *la Remise des Chevreuils*, chez M. Lepel Cointet, la *Biche forcée à la neige*, *la Baigneuse russe*, chez M. Khalil-Bey, *l'Atelier*, le *Retour de la Conférence*, etc.; et près de trois cents toiles dispersées dans les principales villes de France et de l'étranger, Paris, Bordeaux, Lyon, Marseille, Saintes, le Havre, Lille, Arras, Besançon, Bruxelles, Gand, Amsterdam, Londres, Francfort, Dusseldorf.

L'exiguité de la galerie ne permettant pas à l'auteur d'exposer toutes ses œuvres en une fois, il se propose de faire plusieurs renouvellements de tableaux au fur et à mesure des envois qui lui seront faits.

Paris. — Imp. A.-E. ROCHETTE, boulev. du Montparnasse, 72-80.

LE MONDE

HISTOIRE

PITTORESQUE, CIVILE, MILITAIRE, POLITIQUE ET RELIGIEUSE

DE TOUS LES PEUPLES

Depuis la Création jusqu'à nos jours

COLLABORATEURS

MM. A.-J. Saint-Prosper aîné, Saint-Prosper, le baron de Korff, A. Duponchel, de Saurigny, Belloc, l'abbé Martin. — L'Ouvrage a été revu et terminé par M. E. de Lostalot-Bachoué, l'un de nos historiens les plus compétents et les plus remarquables.

20 magnifiques volumes grand in-8

OUVRAGE ILLUSTRÉ

DE 340 PLANCHES GRAVÉES SUR ACIER

Formant 1,035 sujets

Représentant les costumes civils, militaires et religieux, les meubles, vaisseaux, instruments de guerre et de musique, les principaux monuments anciens et modernes, etc.

Terre Sainte	Espagne	Thibet	Guatemala
France	Portugal	Perse	Brésil
Angleterre	Belgique	Arabie	Pérou
Allemagne	Hollande	Turquie	Colombie
Autriche	Grèce	Inde	Chili
Prusse	Italie	Egypte	Rio de la Plata
Suisse	Chine	Alger, Tunis	Paraguay
Russie	Japon	Amérique	Océanie
Pologne	Corée	Etats-Unis	Malaisie
Suède	Ton Kin	Antilles	Australie
Danemarck	Cochinchine	Mexique	Polynésie

Ce magnifique Ouvrage est entièrement terminé; c'est une bibliothèque complète où sont traités les arts et les sciences, la littérature, l'histoire politique, civile, militaire et religieuse de tous les peuples, à toutes les époques.

Prix des 20 volumes et des 340 planches gravées sur acier : 50 fr.

LL. MM. l'Empereur et l'Impératrice ont honoré cet Ouvrage de leur souscription.

Pour recevoir de suite l'ouvrage franco et en caisse, il suffit d'envoyer 55 francs en un mandat sur la poste, à MM. LEBIGRE-DUQUESNE frères, éditeurs, 16, rue Hautefeuille, à Paris.

Paris. — Imp. A.-E. Rochette, 72-80, boulevard Montparnasse

convenable, adoptée, reçue ; on est incertain sur la tenue qui doit être adoptée, sur les questions d'heures, de délais. Et alors on regrette de n'avoir pas à sa disposition, à portée de soi, un guide sûr, un conseiller expérimenté qui vous édifie sur ces questions, si futiles en apparence, si importantes en réalité.

Une démarche faite mal à propos, un oubli involontaire des convenances peuvent souvent avoir l'influence la plus grave sur votre avenir. Ne dédaignons rien : les petits détails ont leur valeur.

C'est à cet ordre de considération que répond notre livre ; mais là ne se borne pas sa tâche ; le lecteur y trouvera des renseignements précieux sur les exigences légales qui entourent chacune des circonstances de la vie : Naissance, Décès, Mariages, Enterrements. Là, encore, la confusion est grande, et il est important de ne pas oublier telle ou telle formalité dont l'omission entraînerait la nullité d'un acte de la plus haute importance.

Bien des livres ont déjà été publiés qui tentaient de combler cette lacune, mais, surchargés la plupart du temps de détails inutiles, ils laissaient de côté les renseignements les plus intéressants. L'ouvrage que nous publions aujourd'hui se tient à égale distance de ces deux excès ; les matières y sont méthodiquement classées et s'offrent clairement aux recherches du lecteur : nous avons donc la conviction d'avoir rempli la tâche que nous nous étions imposée, et le *Code du Cérémonial* a sa place marquée sur les rayons de l'homme du monde et sur la table de toutes les femmes *comme il faut.*

Ce petit livre n'a, d'ailleurs, qu'une seule prétention, qu'une seule ambition : *Être utile.*

Les Éditeurs,

LEBIGRE-DUQUESNE FRÈRES.

TABLE DES MATIÈRES

TRAITÉES DANS LE VOLUME

PREMIÈRE PARTIE — MARIAGE

QUATRIÈME PARTIE — DES LETTRES EN GÉNÉRAL

SEPTIÈME PARTIE — CONSEILS DIVERS

— Primes — Sinistres — Expertise — Assurances sur la vie — Leur utilité — Polices — Formalités et pièces. — Visites du médecin.

CHAPITRE IV. — Étrennes.

CONSEILS AUX SURVIVANTS, par M. VÉNANT, auteur du *Code des femmes*.

Du veuvage — Du régime en communauté — Du régime dotal — Des obligations imposées à l'époux survivant — Des successions déférées aux enfants — Des successions déférées à d'autres que les enfants — Des droits du conjoint survivant — De quelques recommandations adressées à la veuve commune en biens — De la liquidation et du partage de la communauté et de la succession de l'époux prédécédé.

PARIS. — Imp. A.-E. ROCHETTE, 72-80, boulevard Montparnasse

GUIDE-LIVRE

INTERNATIONAL

DE

L'EXPOSITION UNIVERSELLE

DE 1867

PRIX : ... FRANCS

English Edition
Deutsche Ausgabe
Edizione Italiana
Edicion Español

EN VENTE

DANS TOUS LES LIBRAIRES

DE FRANCE ET DE L'ÉTRANGER

www.ingramcontent.com/pod-product-compliance
Ingram Content Group UK Ltd.
Pitfield, Milton Keynes, MK11 3LW, UK
UKHW020052100726
13658UKWH00004B/1714